Abundancia

Vivir sin miedo

Julio Bevione

Título de la obra: *Abundancia. Vivir sin miedo*

COORDINACIÓN EDITORIAL: Matilde Schoenfeld
PORTADA: Carlos Varela
DIAGRAMACIÓN: Ediámac

Av. Cuauhtémoc 1430
Col. Santa Cruz Atoyac
México DF 03310
Tel. 5605 7677
Fax 5605 7600
www.editorialpax.com

Primera edición en esta editorial
ISBN 978-968-860-988-0

Impreso en México / *Printed in Mexico*

Vivir es fácil, simple y abundante

Al conectarnos con nuestro espíritu se manifiesta un cambio, no sólo en nuestra conciencia, sino también en nuestra vida diaria, en lo concreto.

Somos espíritu eterno, pero también hemos elegido vivir esta experiencia física, como parte del viaje del alma.

Esto implica que reflejemos en nuestra vida cotidiana las cualidades de nuestro espíritu. Materializarlas para poder experimentarlas en este plano físico debería ser nuestra meta más elevada. Experimentar en nuestro día a día la paz, el amor, la armonía y también la abundancia.

Y para manifestar esas cualidades hay un paso definitivo: *conectarnos con nuestro espíritu en el hacer diario.*

No podemos experimentar paz, ni amor, ni abundancia si no damos la bienvenida al espíritu. Podemos intentarlo con muchas técnicas y conseguir experiencias similares, pero lo que es del espíritu, sólo lo da el espíritu. *Por eso, para experimentar abundancia, antes deberíamos pre-*

guntarnos si consideramos al espíritu en nuestras decisiones cotidianas.

Porque aun cuando hayamos atraído prosperidad económica podemos estar muertos de miedo a perderlo todo, y esto nos lleva muy lejos de vivir en abundancia.

Éste es el sentido de este aprendizaje: ir rompiendo las barreras por la cuales no estamos conectados con la abundancia, que es una de las cualidades del espíritu.

Para muchas personas, la búsqueda de la abundancia ha hecho que se encuentren con su espíritu. Películas, documentales o libros que hablan de las leyes universales y de tomar consciencia de ellas para gozar de los regalos del universo, ha provocado que, de una u otra manera, hayan despertado a la idea de que pertenecemos a un mundo más grande del que nuestra mente pueda comprender, el mundo de espíritu, que para nuestra mente racional aún encierra muchos misterios.

Para generar abundancia no hay algo que tengamos que aprender, no es algo que tengamos que ir a buscar, no es algo que no poseamos o esté fuera de nosotros.

ℭℑ

La abundancia está en nosotros, es parte de nuestra condición divina y descubrirla requiere quitarle el manto con que la hemos tapado. Y ese manto es nuestro miedo.

ℭℑ

Pienso que si solamente entendiéramos esta frase: "Vivir en abundancia es vivir sin miedos", comprenderíamos la razón por la cual tenemos que despertar a una vida abundante.

Porque cuando empezamos a descubrir la abundancia en nosotros, ¡vamos liberando nuestros miedos! O, de otra manera, al ir liberando los miedos, nos abrimos a la abundancia.

Los mundos de la abundancia y el miedo no pueden coexistir. Cuando nos conectamos con uno de ellos, a través del pensamiento o de la acción, el otro se desconecta. No importa cuál sea. O uno, o el otro.

Tenemos dos formas de pensar, una es a través del ego y otra es a través del espíritu.

Es decir, tenemos dos grandes máquinas que generan pensamientos en nuestra mente, una que está conectada con Dios, y que es la conexión con nuestro espíritu y otra que está conectada con el ego.

Nuestro ego es el resultado de todo lo que hemos aprendido hasta hoy, la suma de todos los pensamientos que tuvimos sobre experiencias que hemos vivido, creencias que hemos heredado y los juicios que mantenemos en la mente como válidos.

Antes de nacer, éramos espíritu. Pero cuando mi espíritu decidió encarnarse en este cuerpo para experimentar esta dimensión física, me miré y dije ¿qué hago yo aquí? Entonces tuve que crear una historia para darle sentido a esta nueva experiencia. Me pusieron un nombre, que en este caso es Julio y lo acepté como mi identidad. Muchas señoras venían y me decían ¡qué gordito más lindo!

Entonces yo crecí con esas dos ideas, entre muchas otras, que era gordito y que era lindo ¡ése es el ego!

Es la idea que tengo de mí y que rara vez cuestiono. Creo que soy así y ése es quién soy.

ఌ

Todo lo que yo he creído acerca de mí, todo lo que hace a mi personalidad, es mi ego.

ఌ

Hay un factor importante de la construcción del ego y es la escasa participación que tenemos en elegir lo que queremos que forme parte de él y lo que no. El hecho de nacer en determinado país, en determinada ciudad, o un barrio, o porque soy hijo de tal familia o porque soy de tal género, van dándonos razones para funcionar de una determinada manera.

Y todas estas creencias que tengo acerca de mí, también van creando mis límites.

Es decir, "yo soy diferente a los que viven en aquel barrio", "yo soy diferente del que vive al lado de mi casa porque mis circunstancias son diferentes" pero además "yo soy diferente de mi familia porque tengo características particulares", Soy mejor, soy peor, soy bueno para esto, malo para aquello. Estas ideas las voy incorporando como verdaderas, pero sólo son ideas, pensamientos, nada más. No necesariamente una verdad acerca de mí.

Estas creencias que hemos aprendido de la sociedad, creencias que yo tengo acerca de mí y que he aceptado como verdaderas son las razones por las que no estamos experimentando la abundancia.

O me dejo llevar por el ego, o me dejo guiar por el espíritu. Y la abundancia esta en el segundo.

Mi ego tiene el registro de demasiados "no me lo merezco", "no sirvo" y "no puedo" como para entender lo que significa gozar de la totalidad, de lo supremo, de lo ilimitado.

Mi parte espiritual es la que se conecta con Dios. Cuando digo Dios estoy hablando de una energía superior, un ser que podremos llamarle padre, madre divina, universo, o Dios. *La abundancia es la consecuencia externa de esta conexión interna.* Cada vez que me conecto con esa otra parte de mí, con mi espíritu, indiscutiblemente en mi vida hay abundancia. Ésa es una consecuencia natural.

Quizás tendríamos que definir de qué estamos hablando cuando decimos abundancia. No estamos diciendo solamente prosperidad. El hecho tener dinero o una casa bonita, eso es prosperidad. La abundancia es la plenitud que vivo cuando puedo gozar de eso.

De hecho, la abundancia es una experiencia que no está determinada por tener lo que deseo, sino mas bien cuando dejo de desear, ya que me siento completo con lo que tengo.

Cuando puedo disfrutar de lo que soy y lo que he creado. Y, curiosamente, cuando deseo menos y estoy más feliz con lo que tengo, atraigo más. ¿La razón?, ¡porque he liberado mis miedos!

Tampoco es tener una cuenta de ahorros muy cargada. Es posible que si ya tengo ahorros para los próximos diez años, no estemos conectados con el espíritu, sino más bien con el ego que es el único que le teme al futuro y cree en la carencia.

De la abundancia que estamos hablando es de la experiencia interna de sentir que ¡todo está bien! Aun cuando puede que no lo comprenda, pero sé que ¡todo está bien!

La pregunta sería: si supieras que Dios está a cargo de tu vida ¿tendrías confianza? Absolutamente ¡sí!

...Y sucede que cuando nos preguntan si confiamos en Dios decimos que sí, pero es sólo una estrategia mental, porque a la hora de programar mi vida lo hago con mi ego.

Antes que Dios, depende de lo que me digan en el banco, mi familia, el jefe, lo que dice el mercado, lo que dicen los periódicos, lo que dice mi historia familiar, lo que dice mi historia laboral... ¡lo que dice mi ego!

Vamos a dejar estos conceptos claros. La abundancia es la consecuencia de nuestra conexión espiritual y la carencia es la consecuencia de nuestra conexión con el ego.

Es posible que frente a mí tenga mi cuenta de banco que me dice que tengo un millón de dólares y ¡vaya prosperidad! Pero mi ego lo lee y dice "Tengo que invertirlo, a como están las cosas esto no va a durar!" Allí no hay abundancia, sólo hay dinero y un ego temeroso de perderlo.

Dentro de las creencias que tenemos arraigadas de nuestros antepasados, y que hacen a nuestra cultura, están "esto se acabará", "no será suficiente" o "después de conseguirlo, no se volverá a repetir", entre muchas otras que ustedes podrán descubrir con sólo comentar de sus finanzas en una reunión de familia o con los amigos. Y es allí cuando seguimos confirmando las creencias, fortalecemos el ego y le vamos cerrando la puerta al espíritu.

Por otro lado puede que haya otra persona que no tiene ese millón de dólares en el banco, pero está sentado en una ciudad que a él le encanta, disfrutando de la tarde y la compañía de sus amigos. ¡Allí se está manifestando la abundancia!

No significa que tengamos que renunciar al dinero, sino aprender a disfrutar de lo que tenemos. *Al disfrutar lo que tenemos, creamos más de lo mismo. Lo disfrutamos sin egoísmos, sin banalidad.*

Por lo tanto, no tengo que lograr más abundancia. Lo que tengo que hacer es encontrar dónde tengo escondido el miedo, porque cuando lo remueva, la abundancia aparecerá. *Y lo que remueve el miedo es el amor. A más miedo, menos abundancia. Más amor, más abundancia experimento. Así de sencillo.*

¿Qué amor es el que necesito?
El que me doy y el que doy a los demás.

Cuando te levantas por la mañana, ¿qué piensas de ti?, ¿qué piensas de tu día? Las respuestas te dirán si te estás amando o hay temor. Si la tarea que debes emprender es encontrar dónde has escondido el miedo, entonces deberías preguntarte ¿a qué temo?

Para eso me ayudaran las emociones.

Todas las emociones que generan malestar, te están indicando que estás conectado con el temor.

Por eso hay dolor. Dolor de muchas maneras: hay rabia, hay resentimiento o hay depresión. Cuando duele es porque estamos encerrados en el ego y no podemos ver la opción del amor. Si duele, estamos presos de algún pensamiento de miedo.

Por lo tanto, la manera de reconocer dónde está el miedo es preguntándonos: ¿qué o quién me mantiene unido al dolor?, ¿qué me da rabia?, ¿por qué o por quien me siento deprimido?

En definitiva, la pregunta me guiará a encontrar el momento en que se instaló un mí un pensamiento de miedo que creo que es verdadero. Hay algún juicio que he hecho hacia mí mismo o hacia otra persona que lo sigo perpetuando en mi mente y allí esta mi desconexión.

Descubrir en qué momento me quedé, como un disco rayado, repitiendo lo mismo de mí, de otra persona o de alguna situación, es fundamental para liberarnos del temor.

Es importante que tomemos conciencia de que todo lo que queremos atraer a nuestra vida es energía y que la energía debe ser compatible para que pueda fusionarse con otra.

Nuestros pensamientos son energía, nuestras emociones son energía y esa energía vibra. Entonces, *las vibraciones de aquello que quiero sumar como experiencia a mi vida debe ser compatible con mis vibraciones.*

Por eso es que lo que pienso y cómo me siento son ingredientes fundamentales en este proceso de crear nuestra realidad. Porque, finalmente, lo que atraeremos será la energía similar a lo que pensamos y sentimos.

Si mi pensamiento está enfocado pero emocionalmente estoy perturbado, quizás atraeré algo similar a lo que pienso, pero seguramente manifestaré perturbación. Y quizás no lo pueda ver, ni disfrutar, ni podrás vivir esa experiencia en plenitud.

Debemos hacernos conscientes de cuidar la energía que disponemos para crear.

Todos tenemos suficiente energía para poder crear, transformar y cambiar lo que queramos.

Y en esto no excluyo a ninguno de nosotros. ¡Todos lo tenemos! Eso es lo que nos hace hermanos e hijos de Dios.

Tenemos el poder desde nuestro espíritu de recurrir a nuestra mente y nuestras emociones, usando esa energía para crear lo que nos proponemos.

Pero ¿por qué no ocurre? Porque la energía que necesito para crear me la gasté discutiendo, enojándome o quejándome.

Cuando sintamos que no podemos seguir adelante, preguntémonos dónde hemos perdido la energía que necesitamos para ese momento. Y hagamos el compromiso de comenzar a estar más atentos a no desperdiciarla alimentando nuestros miedos, en lugar de usarla para nuestra expansión, nuestra evolución.

Creemos que nuestros mayores miedos están relacionados con las relaciones, el dinero, los trabajos o la enfermedad.

ဖ

Pero aún hay un miedo mayor que éstos y que todos tenemos: el miedo a darnos cuenta lo valiosos que somos.

ဖ

Cuando fracasamos en una relación, ese miedo no nos debería impedir volver a confiar.

Pero el miedo que tenemos de usar nuestro poder para hacer lo que sentimos, para expresarnos con total honestidad o emprender un camino de plenitud y éxito, es tan grande, que nos paraliza al punto de pasar por esta vida física y no haberlo descubierto.

En definitiva, lo que queremos nunca son realmente cosas materiales. En la apariencia de mi deseo de cosas materiales está la búsqueda de sentirme valioso y querido.

Simplemente porque el temor de ser quien soy no me deja verme y salgo a pedir lo que creo que me falta.

ശ

¿Pero qué me falta? !Nada!, ¿a qué temo?, ¡a darme cuenta de lo brillante que puedo ser si soy yo mismo, si me muestro tal como soy!

ശ

Con quien estás y con lo que te ocurre ¡ya puedes experimentar abundancia! Porque depende de ti.

¡Anímate a ser quién eres!, ¡patea el tablero y lánzate a la vida con todas tus fuerzas! Una vez que puedas experimentar lo grande que eres, ya no dudarás que la abundancia es tu condición natural.

ശ

¿Cómo identifico cuándo estoy conectado con el ego o con mi espíritu? Observando cómo me siento.

ശ

Las emociones nos van traduciendo en sensaciones la forma en que estamos vibrando. Si estamos conectados con el temor, sentiremos malestar. Y, si por el contrario, sentimos bienestar interior, es que estamos unidos a nuestro espíritu en esa misión. Estamos en la Zona.

Si quieres ir deshaciéndote de los miedos, comenzarás por preguntarte qué es lo que te está creando malestar y luego deberás hacer las paces con esa situación o esa persona.

¿Qué debes hacer? Perdonar o perdonarte.

Los juicios que te mantienen unidos a lo que haya ocurrido es lo que te está desconectando del bienestar, de la Zona, y en consecuencia de la abundancia.

Perdonar se convertiría en una misión mucho mas fácil de alcanzar si entendiéramos que sólo depende de nosotros lograrlo, que no es necesario ser absueltos por nadie, y que el beneficio es tan grande e inmediato que vale la pena.

ʚɞ

Cuando perdonamos, estamos recogiendo los juicios que hemos lanzado. Lo que nos envuelve en el caos, es nuestra mente juiciosa, necesitada de tener razón y que con una condena quiere asegurarse estar en paz. ¡Pero la pierde!

ʚɞ

Debemos ser humildes al reconocer que hemos cometido un error. Ello significa tratar de poner la razón a un lado, por más justificada que esté. Ésa es la puerta de entrada al perdón.

ʚɞ

No podemos perdonar y tener razón al mismo tiempo.

ʚɞ

En todo caso, ésta es una negociación del ego, pero no nos devuelve la paz.

Perdonemos aunque no tengamos la razón de nuestro lado y recuperaremos la paz.

Las consecuencias inmediatas son recuperar mi bienestar y despertar a la abundancia. Lo opuesto es lo que ocurre cuando nos quedamos atrapados en la defensa de un pensamiento de condena.

En realidad, deberíamos preguntarnos: Cuándo condeno ¿a quién condeno? La respuesta será: ¡a mí mismo!

El perdón iniciará el camino de nuestra responsabilidad para crear abundancia.

La energía creadora sigue una lógica. Recorre lo que pensamos, sentimos y decimos… hasta manifestarse.

Por lo tanto, si no estamos creando lo que deseamos, podemos recorrer paso a paso este proceso y observar si hay coherencia.

Lo que pensamos, ¿está de acuerdo con lo que sentimos?, ¿y con lo que decimos?

Cuando esta energía está alineada, prepárate para que ocurra el cuarto paso ¡manifestarse!

Esto nos debería poner en alerta y despertar nuestra responsabilidad, porque para el universo no hay bueno ni hay malo. A cada pedido, ¡cumplido!

Si temo enfermarme, me siento mal y me paso el día hablando de esa enfermedad, ya sabemos cuál será la consecuencia.

Sentémonos a escuchar la mente, conectémonos con las emociones, con lo que sentimos. Y escuchemos lo que decimos. Estos pasos hacen clara la respuesta a la pregunta ¿por qué me está pasando esto?

Puedes preguntarte, por ejemplo "por qué hay guerra?" y contestarte: "yo no pensé en la guerra, esa no es mi creación".

Pero de una u otra manera hemos contribuido a que esté ocurriendo. En algún punto hemos sido testigos de un pensamiento que lo ha creado. Quizás, simplemente, un pensamiento de odio, sumado a otros tantos pensamientos de otras tantas personas que han sentido o pensado lo mismo, han generado lo que estamos viendo.

De una u otra manera lo he creado y por esa misma razón, lo que yo individualmente haga para que cambie, tendrá un impacto en ello.

No importa cuán lejos esté o cuán global sea.

Hay una frase de Gandhi que dice: "Sé el cambio que quieras ver en el mundo". Pues así es. Tu cambio comienza a crear un cambio mayor, porque tú también fuiste parte de su creación y eso que ocurre sigue sosteniendo un juicio que vive en tu mente.

Busca crear una experiencia en tu vida que aparentemente tenga que ver con el país, con tu jefe o cualquier cosa que parezca depender de alguna fuerza o voluntad externa a ti. Y trabaja con tus pensamientos y tus emociones. ¡Alíneate! Y deja que la realidad te sorprenda. Así acabarán tus dudas.

Cada vez que encontremos algo que sea un verdadero desafío ¡hagámoslo!

Allí es donde se nos permite romper nuestros patrones de energía de miedo, de pensar y sentir, y permitirnos ir por más. Siempre hay un paso más que dar en el camino de la evolución.

Así es que cuando llegue una situación que parezca difícil ¡démosle la bienvenida! Esta llegando para que podamos experimentar cuan grande somos.

O, por el contrario, puede ser que nos ayude a ver las creencias que tenemos de nuestra limitada forma de pensar. ¡Juguemos!

Una vez que se puedan comprar lo que jamás pensaron, que puedan sanarse de lo que jamás pensaron que se podían sanar, una vez que encuentren una relación absolutamente en paz como la que siempre han querido y quizás no hayan tenido, a partir de ese momento, nada ni nadie va a negarles que están conectados con Dios y esa fuerza creadora está presente en cada palabra, cada acto, cada persona, en cada instante de nuestra vida.

La energía divina hace lo suyo, pero nosotros tenemos que hacer nuestra parte.

ൾ

¡Somos co-creadores! La energía necesita nuestra mente para crear y nuestra mente necesita la energía. La energía divina y nuestra energía física, manifestada, haciendo el amor van creando hasta que nace una nueva experiencia.

Ésta es la comunión sagrada a la que debemos aspirar: unirnos a la energía divina para ser un canal de su manifestación en este plano.

Así es como podemos experimentar el amor sin condiciones, experimentar la abundancia a través de la prosperidad o soñar con posibilidades sabiendo que son eso ¡posibles! Esto ocurre cuando estamos unidos a nuestro espíritu. Nada más.

Toda otra experiencia es momentánea, perecedera, que necesita de nuestra razón para sostenerse, pero que tarde o temprano se desmoronará.

Claves de apoyo

- Despiértate por la mañana y no te dejes llevar por tus miedos. Reconócelos, respira, medita, conéctate con tu espíritu. No importa si lo logras o no. A la larga, siempre ganará el espíritu a tu ego, por la simple razón que el poder de tu espíritu es verdadero.

- Persevera en la disciplina espiritual que tengas, la que hayas elegido. Dedica tiempo y concentración diaria a ella.

- Mantente atento a tu mente y tus emociones, como si fueran tus hijos. Mira qué está haciendo tu mente, por dónde va y si está en un lugar seguro, o está presa del miedo. No dejes que se contaminen tus emociones. Difícilmente podrás liberarte totalmente de las emociones tóxicas como la rabia, la ansiedad, el dolor. Pero puedes ser más fuerte que ellas evitando que crezcan. ¿Cómo lograrlo? Atiéndelas en cuanto crecen. Como si fueran tus niños. No esperes que el niño sea un adulto para decirle lo que esperas de él. Así tampoco dejes que el malestar llegue a transformarse en una depresión. Atiende las emociones cuando aparecen. No las enjuicies ni las evites. Siéntelas. Obsérvalas y pídele lo que necesitas. Ayúdalas a sanarlas permitiéndote sentirlas.

Al sentirlas, al permitirte conectarte con ellas, de inmediato comienzas a liberarlas. Por el contrario, cuando las niegas, estás guardándolas en un caja que terminará por explotar. Y habrás perdido tiempo y mucha energía, la que necesitas para transformar tu vida. Haz tu parte, la energía divina siempre hará la suya.

- Las afirmaciones pueden ser de gran ayuda en momentos de debilidad mental. Leerlas, repetirlas en voz alta o en silencio van apaciguando las tormentas de nuestra mente. Son como canciones de cuna para nuestro ego enfurecido. No dudes en que la primera reacción será la resistencia, pero continúa, porque tampoco pongo en duda que luego la mente se rendirá y alcanzarás la calma. Persevera, continúa, no te rindas. Cuando los pensamientos de miedo parezcan ganarte, haz silencio y, a manera de oración, repite tu afirmación. A medida que lo establezcas como un nuevo hábito, verás como las emociones comienzan a alinearse con ese nuevo pensamiento y las resistencias van cediendo. Pero ten esto en claro: hay una sola persona que puede ayudarte a que esto suceda: ¡tu mismo! Nadie puede hacerlo por ti.

Recordemos

- Las críticas, a otros o a nosotros mismos, la envidia, la rabia, la ansiedad, el limitarnos a lo que pensamos y no abrir nuestra mente, el odio, las dudas, las preocupaciones, la violencia, la pereza, todas estas son formas de desconectarnos del flujo de la abundancia.

- Si estamos experimentado carencia de alguna manera, revisemos dónde estamos parados en este momento. En algún lugar fuera de la Zona nos vamos a encontrar…

A veces sentimos la necesidad de tener más. Cuando hemos crecido bajo la cultura de la carencia, de la necesidad, de lo que nos falta, de que nunca nos alcanza... es posible que las cosas que creemos necesitar sólo sean una forma más de que ese pensamiento de carencia siga presente en nuestra vida.

ග

Haz una lista de lo que tienes y pregúntate si con eso no tienes suficiente para vivir. Lo que necesitas, puede ser una excusa para alimentar tu idea de que nada, nunca es suficiente. Pero no una necesidad real.

ග

La necesidad está, pero no es de lo que creemos que tenemos que adquirir. La necesidad que nos mueve es suplir la idea de carencia con que nos educaron. En el fondo, todos queremos sentirnos importantes, queridos, protegidos. Y creemos que lo podemos conseguir con cosas materiales o gente alrededor. Mejor deberíamos preguntarnos *¿es verdad que no soy importante?*

Pregúntatelo otra vez. Una vez más. Y otra vez más. Tantas veces como necesites hasta que te des cuenta de tu propia mentira.

Creo que el verdadero éxito o triunfo en esta vida es estar en paz. Porque eso es lo único que no podemos comprar. Por eso es lo más valioso.

ఌ

La abundancia es parte de ese camino de descubrimiento. Cuando estamos en paz: ¿qué necesito?, ¿cuál es mi debilidad?, ¿de quién necesito aprobación?

No hay millones de la moneda que sea ni kilos de oro que consigan comprar la paz.

Algunos buscan el oro y los millones para darse cuenta de que la paz la experimentan cuando renuncian a ellos.

Otros, eligen la paz y pueden disfrutar de los millones y el oro.

ఌ

Primero la paz, y luego la abundancia.

En ese orden.

La abundancia no es extravagante, es simple, se manifiesta en la simpleza. Por eso es que no puede manifestarse si tu vida se siente complicada, difícil.

ᔕ

Mira tu agenda y observa cómo te sientes con lo que ves allí. Piensa en la última semana y obsérvate.

¿Cómo te sientes?

Comienza a vaciarte de aquello que estás sosteniendo con esfuerzo. Comienza por lo que sea más fácil, pero haz algo para simplificar tu vida.

¿Cuántas conversaciones innecesarias has sostenido?

¿Cuánto tiempo le has dedicado a algo que no tiene importancia?, ¿cuánta energía le dedicaste a una situación sin mayor trascendencia?, ¿te has angustiado por no tener algo que realmente no necesitabas?

ᔕ

La sutil belleza de la abundancia no puede manifestarse en un escenario caótico.

ᔕ

Simplifícate, comienza ahora mismo.

La perseverancia es necesaria cuando hemos tenido un patrón de pensamiento de escasez durante mucho tiempo, ¡quizás vidas! Por eso es necesario golpear, golpear y golpear, hasta que al fin se rompe el miedo y entre las ranuras comienza a colarse la energía de la abundancia.

Recuerdo que cuando decidí comenzar a compartir este aprendizaje en charlas, en las primeras reuniones había muy poca gente, uno o dos. Hasta que un buen día no llegó nadie, ¡ni uno! Y fue el día en que me estaba dejando vencer por la creencia de que esto no era para mí, juzgándome por lo que ocurría, y no por lo que sentía. Me pregunté: ¿de verdad yo quiero hacer este camino? Me envolvió la alegría, una de las características de espíritu. Entonces puse manos a la obra. Le hablé a las sillas vacías. Durante las dos horas que duraba la reunión di lo mejor de mí. Y ese día pude torcer la energía del miedo a favor del amor, de las nuevas posibilidades. Y cada vez que la realidad me muestra mis miedos, recuerdo que perseverando puedo quebrar cualquier resistencia que el temor me ponga enfrente.

Golpear, golpear y volver a golpear, ¡hasta que se rompe el miedo y se abre!

Claves de apoyo

- Podemos preparar una pizarra donde pongamos, simbólicamente, aquello que queremos atraer. La intención más importante de esta tarea en ayudarnos a mantenernos focalizados en el pensamiento de aquello que queremos atraer, co-crear, manifestar.

- Busquemos fotografías, palabras o cualquier dibujo que represente nuestros pensamientos. Porque esa es la idea: poner nuestros pensamientos fuera de nosotros para poder recordar, convencernos, doblar nuestras resistencias, tener una disciplina que dé continuidad a nuestros nuevos pensamientos, para pensar lo mismo una y otra vez, sin distraernos.

- Ubiquémoslo en un lugar privado, que sintamos propio y al que no tengan acceso muchas personas. Nadie tiene el poder de limitarte, pero los comentarios de los demás pueden debilitar tu entusiasmo y quitarle la energía que tus pensamientos necesitan en ese momento. ¡Apenas están naciendo! Y como todo bebé, necesitan tiempo, silencio, contemplación y mucho amor de tu parte hasta ser fuertes por sí mismos.

- Dedícate a dos o tres metas. Al principio, aprende a focalizar tu energía en metas precisas. Luego, podrás hacerlo fácilmente porque sabrás reconocer tus pensamientos, emociones y las distracciones que ocurrirán en el proceso de manifestarlo.

- Por ahora, conviértete en el alumno más aplicado del universo, si es que deseas tener tu maestría.

Hay una razón por la que nada que realmente deseemos puedo negársenos: podemos focalizar la energía –nuestros pensamientos y emociones– y con ello generar aquéllo que queremos atraer. Se nos ha dado esta cualidad para ser usada en el proceso de manifestación, para crear la realidad que queramos.

ଓ

Para atraer lo que buscas necesitas focalizarte.
Y ésa es una cualidad con la que todos nacemos.

ଓ

¿Aún crees que no tienes el poder de atraer lo que quieres? Desarrolla tu cualidad de focalización. Dedica un tiempo a observar en tu mente lo que quieres y conectarte con emociones de gozo, de alegría, de bienestar. Luego, el universo cumple con su parte.

Quiero que recuerdes algo, que lo tengas muy presente: Las únicas consecuencias de los pensamientos están ocurriendo en el presente. ¿Qué significa esta idea? Nos recuerda que el temor de ser víctimas del pasado o el temor por lo que sucederá en el futuro no es real.

El pasado sólo permanece en nuestra mente y creemos que continúa con sus efectos en el presente, pero eso no es posible, porque sólo lo que ocurre ahora, en este momento, es real. Pensemos: *Si los efectos del pasado no tienen consecuencias en el presente, ¿por qué sigo repitiendo errores o limitándome por lo que he vivido?, ¡porque lo sigo pensando!*

No es lo que pasó, sino el pensamiento que tengo en el presente acerca de ese hecho o de esa persona. Entonces, *¿por qué creo que soy víctima del pasado? Porque sigo mirando hacia atrás, dándole validez a la historia.*

Y cuando lo hago, alimento un pensamiento en el presente que es el que está teniendo consecuencias.

ꟹ

¿Qué quiero decir con esto? Que si me he pasado veinte años pensando que no puedo, pero tengo la fortaleza de sostener un nuevo pensamiento de confianza en mí mismo por un instante, en ese instante estoy cambiando mi historia personal.

ꟹ

Un paso decisivo en el proceso de abrirnos a la abundancia es liberarnos de lo que traemos a cuestas del pasado.

Suelta, perdona, deja ir, entrega, devuelve, renuncia. Haz lo que tengas que hacer, pero no cargues con el peso de lo que haya pasado, porque pasó... Pero aún lo mantienes en la mente y eso lo hace real en el presente, estorbando el paso a lo nuevo que llega para ti. A veces, encontramos las puertas de la abundancia, pero el paso está tan ocupado, que no podemos verla.

Soltemos, perdonemos, entreguemos, dejemos ir, devolvamos, renunciemos. Hagamos lo que podamos, pero soltémonos del pasado. ¡Ya! Ahora.

Tenemos que agradecer por lo que pedimos, aunque aún no esté en nuestra realidad. ¿Por qué es tan importante hacerlo? Para Dios no es necesario. El universo no necesita de nuestro agradecimiento, pero nosotros sí.

Cuando agradecemos, despertamos en nosotros las emociones que atraen lo que estamos pidiendo. Cuando deseamos algo y no lo tenemos, nos conectamos con emociones de malestar, de dudas, de temor de no tenerlo. Nos conectamos con la emoción del pensamiento de carencia y obviamente no podemos atraer nada nuevo, estamos resistiéndolo con esa energía. Pero al agradecer, nuestra mente se focaliza en lo que queremos y nuestras emociones responden con satisfacción a ese pensamiento. ¡Y abrimos el flujo de la abundancia!

ಌ

Cuando te focalices en lo que quieres, agradece anticipadamente.

ಌ

Y si tu mente es demasiado racional y no puedes hacerlo con autenticidad, entonces agradece por lo que tienes, por el momento que estás viviendo o por lo que se te ocurra, pero despierta el agradecimiento en ti y la energía fluirá más fácilmente.

Dios aprueba todo lo que sale de nuestro corazón ¿no es eso maravilloso?

Por lo tanto, no es necesario que tratemos de conquistar a Dios con buenas acciones.

La benevolencia de Dios es infinita y aprueba todo lo que hagamos si nace en nuestro corazón.

Los errores, los fracasos, los malos días, los intentos fallidos...todo le genera una sonrisa. Entonces ¿por qué creer que nuestras críticas o las de los otros seres humanos pueden ser más valiosas que las de Dios?

No dejemos que ninguna crítica, juicio o enojo nos nuble la visión. Dios ya te ha aprobado tal cual eres ¿para qué esperar que alguien más lo haga?

No te detengas en eso. Si te caes, recuerda que tienes la bendición del universo, diciéndote que sigas adelante.

Si le das valor a las críticas, es que estás decidiendo escuchar alguna otra voz. Y esa sí es tu elección.

Me preguntan cómo hago para mantener claridad en mi mente y liviandad en las emociones. Y respondo: ¡con disciplina!

Mi mente no tiene claridad porque haya meditado una semana. La tendrá por esa semana, o en las horas inmediatas a la meditación, pero no es un estado que permanecerá porque aún hay pensamientos errados que me distraerán. O puede que tenga la fortaleza de mantener un pensamiento enfocado pero de pronto ocurre un hecho imprevisto que me desmorona emocionalmente.

Por lo tanto, el único secreto para mantenerse con claridad es cuidar la mente y las emociones como cuidamos el cuerpo: diariamente, con disciplina.

¿Cuántas veces tomas un baño a la semana? Dedica el mismo tiempo a meditar.

¿Qué atención le prestas al lugar donde te alimentas y lo que comes? Préstale la misma a atención a los pensamientos que aceptas para ti, a lo que escuchas de los demás y aceptas como verdadero, a lo que recibes de los medios de comunicación, a la música que escuchas.

¿Cuánto tiempo necesitas para que tu cuerpo descanse? Tus emociones también lo necesitan, así es que no te vayas a la cama cargado con la rabia, las frustraciones y los enojos del día.

En tu mesa de noche, pon una cajita en la que simbólicamente dejarás para el día siguiente lo que te atormenta, sino, no podrás descansar.

Y, quizás, al día siguiente mires dentro de la cajita y te llevarás la sorpresa de que no hay nada.

Así como el agua busca el mar, la energía que nos mueve tiene un trayecto, siempre buscando nuestra evolución.

Especialmente en estos tiempos, la energía nos prepara para que demos un gran salto. ¿Cómo nos prepara? Vaciándonos la mochila. ¡Cómo podríamos saltar con tanto peso! Y por eso la energía nos lleva de la mano hasta que nos animemos a soltar todos los miedos, o al menos los que más nos pesan.

La energía nos mueve de un lugar a otro. Parece que nos echaran, nos rechazaran, que no nos permitieran pasar. Nos saca de las manos lo que estamos listos para dejar ir –y a veces lo que no estamos listos porque estamos aferrados por miedo, pero no lo necesitamos–, nos hace dar giros hasta marearnos para que soltemos, dejemos de resistirnos y nos entreguemos. Para que nos dejemos llevar. ¡Qué miedo tenemos de dejarnos llevar!

Cuando la energía comience su juego, si no sabemos qué hacer, lo mejor es no hacer nada. No resistirse con enojos ni tratar de cambiar lo que sucede. Simplemente, dejémonos llevar.

Lo que la energía "nos hace perder", en realidad es una ganancia.

ꕥ

Nos hace perder creencias, hábitos, ilusiones, objetos, personas...pero lo único que perdemos es el apego. Y esa pérdida, en realidad, suma.

Confiemos en entregarnos a la energía. Cuando la danza se trabe o perdamos el paso, respiremos profundo y sigamos bailando. Éste es el momento de bailar. Es lo que nos toca.

¿Qué esperas para cambiar lo que no te gusta? Nunca habrá un momento ideal para hacerlo, excepto que esperes al caos final en el que será inevitable ser responsable del cambio.

ꕥ

Cuando quieres cambiar algo, comienza en ese mismo momento con los recursos que tengas.

ꕥ

La fuerza de tu intención hará que generes más recursos sobre la marcha, pero no esperes a contar con ellos antes de ponerte en marcha, porque quizás nunca lo hagas.

Descubre qué es lo que no te gusta y comienza a cambiarlo en ese momento, con los conocimientos que tengas, con las posibilidades que tengas.

Te aseguro que no sólo te asombrarás de lo que puedes hacer, sino que te darás cuenta, de una vez por todas, de tus capacidades para transformar. Transformarte a ti y a tu entorno, que es lo mismo.

- *¿Qué piensas de ti?* La imagen que tengas de ti mismo determinará lo máximo que lograrás. Si te piensas incapaz, eso tendrás. Si te piensas fuerte, fortaleza tendrás.

- *¿Qué piensas de ti?* Hazte consciente de la imagen que has creado de ti mismo porque es posible que sea tu mayor limitación. Nada, ni nadie puede levantar tu autoestima, ni bajarla, sin tu consentimiento.

- *¿Qué piensas de ti?* Respóndete honestamente y podrás entender muchas circunstancias de carencia que atribuías a la mala suerte, a tu país o a tu familia.

Las noticias repiten una misma palabra: *crisis*. La mayoría de los países, especialmente aquellos que consideramos potencias líderes, nos dejan ver sus desbarajustes en todas las áreas, como nunca antes habíamos visto. Y la gran pregunta que todos nos hacemos es: ¿cuál es el propósito de esta crisis?

Hemos hablado muchas veces de la evolución del planeta hacia una nueva dimensión. Del planeta, de todo y de todos, incluyendo la economía. Especialmente la economía.

Esta crisis financiera ha puesto en evidencia uno de los patrones más grandes que ha liderado nuestra vida hasta hoy: la escasez. Nunca es suficiente.

De una u otra manera, el dinero fue convirtiéndose en la razón de nuestra vida y comenzó a ocupar el lugar que le quitamos a Dios. Hasta llegamos a pensar que el dinero nos podría hacer felices, nos traería bienestar y tenerlo nos daría paz y seguridad. Todas condiciones divinas pero que esperábamos obtenerlas de este sustituto de Dios.

Leí un reportaje al monje benedictino alemán Anselms Grun que decía con acierto: "El consumismo siempre es una señal de estar viviendo demasiado poco". En muchos casos, dejamos de lado el disfrute de la familia, del tiempo y de uno mismo para trabajar más, ganar más, gastar más...

No debemos renunciar a disfrutar del dinero, pero sí debe volver a ocupar su lugar de servicio, no de amo. Por dinero nos hemos sacrificado, perdimos la libertad, algunos también la salud y hasta nuestra creatividad.

Para eso era necesario que esta crisis removiera las estructuras que sostienen el sistema. Y en cada movimiento, se genera un quiebre. Y con algunos quiebres, algunas caídas. Pero todas precisas para crear algo diferente. Esta crisis financiera es parte de las muchas crisis por la que venimos pasando desde hace unos 20 años, que han ocurrido en las estructuras familiares, las religiosas y las educativas, sólo por mencionar algunas. Más todas las personales que cada uno puede enumerar. Con estas crisis, sólo estamos "perdiendo" lo que ya no es necesario. Llegan para devolver el orden donde se ha perdido.

Si no negociamos con el miedo, podremos intuir que lo que se viene es un nuevo mundo de abundancia, donde cada uno podrá desarrollar su potencial y logrará tener lo suficiente para una vida digna.

ᔓᔕ

Mantener la calma, saber esperar –tener paciencia– y no resistirnos, abrirnos a despojarnos de aquello que realmente no es importante, nos ayudará a navegar en esta tempestad sin que nuestro barco se hunda.

ᔓᔕ

Sin duda, es un gran desafío. Pero vale la pena. Mejores tiempos están asomando, pero antes debemos presenciar esta tormenta que viene a limpiar el cielo que hemos ido contaminando por tantos años. Para quien sepa esperar, llegará la calma y con ella el despertar de una nueva economía, reflejo de quienes realmente somos: seres con una característica natural de abundancia.

No resistirnos, ésa es la clave de este tiempo para mantenernos libres de elegir entre la paz o el caos.

ɞ

Las noticias que escuchamos en los medios de comunicación no nos alientan y quizás comencemos a sentir el caos a nuestro alrededor... y puede que también en nosotros mismos. Lo que sucede por estos días nos desconcierta, pero nos obliga a preguntarnos qué es lo más importante de nuestra vida.

Esta generalizada crisis, que aparenta ser económica pero que va aún más profundo en nuestra humanidad, nos está obligando a replantearnos en qué mundo queremos vivir y cómo queremos que sea nuestra experiencia en él. Y así, naturalmente comenzaremos a establecer nuevas prioridades.

Si pudiéramos percibir lo que sucede con una visión más amplia, podríamos ver la perfección de este momento. La energía nos mueve a nuevos trabajos, mejores relaciones y una vida de menos dependencia. Y es natural que así sea. Sólo tenemos que comenzar a soltar el control y permitir que esa energía nos guíe.

Lo que la energía quiere de nosotros es facilitarnos este aprendizaje. Está llegando el momento de la graduación de esta tercera dimensión y la energía nos facilita el camino, muchas veces con situaciones que no hubiéramos elegido conscientemente. Pero éstas son situaciones indispensables para abrir los ojos, esta vez para mirarnos adentro.

Quizás nos lleve a nuevas relaciones, quizás nos mueva del lugar donde vivimos y hasta puede que nos obligue a detenernos para tomar conciencia a través de una situación límite: la aparente pérdida de un ser querido o del trabajo, o una enfermedad, llevándonos a tocar fondo.

El planeta, y nosotros como parte de él, estamos dando un gran salto. Los mayas lo anticiparon con las profecías de una nueva etapa que alcanzaría su punto de quiebre en el año 2012. Llegaremos a ver una nueva sociedad donde los valores se basarán en el espíritu, las relaciones serán unidas por el amor verdadero y lo económico se desvinculará de las ideas de carencia y sacrificio. No será instantáneo, pero tomará menos tiempo del que creemos.

No sólo porque los han dicho nuestros ancestros en sus profecías, sino porque ya se lo puede sentir. El mundo está regresando al amor. Y para eso, necesitamos una purificación.

La clave para transitar este momento es no resistirnos: no nos detengamos a tratar de entenderlo todo, no sigamos nuestros caprichos y seamos más tolerantes con nosotros y los demás. *La energía nos está purificando y en ese proceso tendremos que soltar lo que ya no nos pertenece.*

No puede haber error cuando no ofrecemos resistencia, cuando fluimos.

Si cada vez que ocurra un acontecimiento que nos quite la paz renunciamos a analizarlo y lo dejamos pasar, sin enjuiciarlo y respetando las emociones que despierta, permitiremos que la energía nos lleve a donde sea mejor estar, o con quien debamos estar.

Fluir, esa es la clave de este momento. Focalizando en las cosas que realmente son importantes y dejando pasar las que ya sabemos no nos pertenecen.

El mundo como lo conocemos está cambiando. Resistirnos cuesta dolor y dejarnos llevar nos devolverá la paz, no sólo en la mente, sino en nuestro corazón.

Vivimos en un mundo que va cada vez más rápido. Internet nos pone frente a nosotros la información que necesitamos sin tener que ir a buscar, abrir y leer una enciclopedia o un periódico. El control de televisor nos ofrece cambiar de programas, historias y mensajes cada segundo. Y así estamos usando el tiempo, creyendo que a nuestro favor, pero en realidad no es así. La impaciencia ha ganado lugar en nuestra vida cotidiana haciendo que muchos de nuestros malestares surjan de esta necesidad de controlar el tiempo en que suceden las cosas, entre tantas otras cosas que quisiéramos controlar sin lograrlo. Cuando estamos impacientes, no estamos aceptando el tiempo que Dios dispone para que aquéllo que hemos decidido vivir, se manifieste en la forma más armónica posible.

Nuestras abuelas nos lo enseñaron: "El hombre propone, pero Dios dispone". Dispone lo que nosotros no podríamos determinar, porque nuestra sabiduría apenas nos alcanza para decidir lo que queremos.

Sólo Dios conoce el plan mayor para establecer en nuestro beneficio el cómo y el cuándo.

Tener paciencia es estar en paz con el proceso en que se manifiestan las cosas que hemos diseñado para nuestra experiencia, soltando el control a un poder mayor que elige lo mejor para que lo que vivamos sea extraordinario. La naturaleza nos ha enseñado que hay un tiempo para cada cosa. El bebé necesita varios meses para desarrollarse antes de salir al mundo y no podría llegar la primavera si no hubiera invierno.

ଓ

Cada momento tiene su propósito y aceptarlo es encontrar la paz.

ଓ

La aparente tardanza es sólo una preparación para un gran momento. San Agustín nos enseñó que la paciencia es la compañera de la sabiduría. Podemos saber qué hacer, pero muchas veces la ansiedad por tenerlo o lograrlo destruye el propósito de esa experiencia.

Cuando perdamos la paciencia –y la paz...–, recordemos que también estaremos perdiéndonos la posibilidad de aprender algo que quedará pendiente: recordar que hay un tiempo para cada cosa y que todo, todo llega.

Cuando llega a nuestra vida lo que no queremos, aceptémoslo como parte del proceso de manifestar lo que queremos.

Necesitamos el contraste para refinar nuestra elección y saber qué exactamente queremos, a partir de lo que no queremos.

Cuando le digo que no a algo que realmente no quiero, estoy diciendo sí a lo que quiero, pero con más claridad.

El contraste es parte de esta dimensión física, no es un error, es un instrumento de gran ayuda para pulir mis elecciones, refinar mi conciencia, abrirme a la verdad.

Por eso, no reniegues cuando llega lo que aparentemente no has pedido o no quieres. No te resistas a verlo y acéptalo como un paso más en tu proceso de atracción y sobre todo en tu aprendizaje en este nivel de conciencia. En definitiva, no estamos aquí para atraer personas, situaciones o cosas, sino a través de esas experiencias poder reconocer quién realmente somos, cuál es nuestro poder cuando nos conectamos con nuestra fuente a través del espíritu.

Hemos aceptado como verdad que debemos esforzarnos para conquistar lo que queremos y como lo creemos ¡eso tenemos!

No significa que debo cruzarme de brazos y esperar que todo ocurra. Debemos hacer nuestra parte, que es acondicionar nuestra mente y nuestras emociones. Esto es lo primero, dentro de ti, donde todo está naciendo.

Claves de apoyo

- No hay emociones malas ni buenas, todas son útiles para saber dónde estás parado y para ayudarte a salir de ese estado.

- Si estás deprimido, la rabia es un recurso excelente, porque te moverá de donde estás. No podemos quedarnos allí, pero tampoco es necesario evitarlo.

- No enjuicies las emociones como buenas o malas, ábrete a sentirlas y déjalas pasar. Si hay una emoción que te resistes a sentir, estás interrumpiendo tu proceso de alineación. Respeta lo que sientes y si no se siente bien, busca un pensamiento nuevo, pero no te resistas a sentir lo que necesitas sentir.

Tenemos todo lo suficiente para ser la persona que soñamos, sólo falta un paso para darnos cuenta: que lo aceptemos.

Reconocer que hemos nacido en el hogar correcto, que estamos viviendo la realidad que necesitamos vivir y que tenemos todo lo suficiente para seguir creando una vida aún más amorosa, es otro de nuestros grandes desafíos. Y uno de los más grandes.

La creencia de que no somos suficientes está instalada en cada cosa que hacemos y en cada decisión que tomamos.

Y para asegurarnos de que esto no cambie, mantenemos viva una cultura que nos lo recuerde a cada instante: tenemos que ser algo mejor, tener algo más, ir, llegar, alcanzar, superar, etcétera.

La manera de trascender este pensamiento que ha liderado gran parte de nuestra vida no es más que instalar otro que diga lo contrario: que sí somos suficientes. Esta sería la ecuación perfecta, pero aún no la creemos, por lo que sería un ejercicio mental y nada más.

El paso para ponernos en marcha de esta parálisis de insuficiencia es comenzar a aceptar lo que nos pasa y pensamos que no está bien. Aceptar a la gente que enjuiciamos de insuficiente que tenemos alrededor y renunciar a pensar que las cosas deberían haber ocurrido de otra manera. Simplemente, debemos de dejar de criticar o criticarnos.

Así, estaremos en el punto de partida para reconocer el poder que tenemos.

Somos suficientes por ser quiénes somos. No por lo que nos hemos creído de nosotros, lo que hemos aprendido o lo que nos dijeron.

Piensa que cada cosa que te pasa está bien, porque así es como lo elegiste. Y recién podrás ejercer la libertad de volver a elegir.

Pero ten presente que éste no es un ejercicio más de tu mente. La aceptación vendrá cuando, justamente, dejes de buscar excusas, justificaciones y razones.

Eres lo mejor que puedes ser hasta hoy. Si no lo sientes así, vuelve a elegir.

Observa tus hábitos. Si hay algunos que no aportan a manifestarte la vida que deseas, y seguramente encontrarás varios, identifícalos, pero no trates de cambiarlos. Puede haber mucha resistencia para quebrar un hábito con éxito. Pero puedes debilitarlos creando nuevos hábitos.

Sé persistente y disciplinado. Te resultará más cómodo invertir tu energía en crear nuevos hábitos que deshacerte de los viejos.

Y en un corto tiempo, estarás creando la vida que quieres. Sin mayor esfuerzo, pero con determinación.

¿Por qué experimentamos caos, especialmente cuando estamos decididos a transitar un camino espiritual?

Cuando me hicieron esta pregunta volví mi mirada a los primeros meses cuando comencé a trabajar con *Un curso de Milagros*. Cuando mi vida parecía bastante estable ¡se puso patas para arriba!, ¿es este el camino espiritual, el camino de la paz, del que todos me hablaban?, me pregunté en aquel momento.

Lo es, pero para conectarnos con nuestro ser, antes es necesaria una purificación. Purificar nuestra mente de condicionamientos, juicios, preconceptos y toda la impureza mental que traemos del pasado.

Algunos pensamientos se hacen obvios y los logramos ver ni bien aparecen y volvemos a elegir conscientemente. Otros, en cambio, están fuertemente arraigados en nuestro inconsciente y necesitamos que venga alguien a sacarlos a empujones, porque nosotros solos no podemos reconocerlos. Egoísmo, falta de integridad, necesidad de perdonar o abrir el corazón. Cada uno irá haciendo su lista.

Claves de reflexión

- Los aparentes enemigos, las situaciones caóticas y el dolor emocional que sentimos cuando estamos comprometidos con una verdadera transformación interior, son parte de nuestra purificación. Antes, estábamos cómodos con esa carga de pasado, pero hemos tomado la decisión de ver la verdad y es necesario limpiar el cristal. Y lo que no podamos ver, alguien vendrá a mostrárnoslo.

- ¿Qué debemos hacer ante estas situaciones o personas? Aceptarlas como son, porque al hacerlo estaremos aceptando esa parte de nosotros que, por enjuiciarla de mala, hemos escondido en lo profundo de nuestra mente y nos sigue limitando ver nuestra divinidad.

- Aceptar. Ésa es la clave de la purificación espiritual. No se requieren análisis profundos ni conclusiones inteligentes. Aceptar. Aceptar con el corazón. No enjuiciar.

- Rendirnos ante la necesidad de tener el control. Elegir tener paz y nada más que eso. Aceptar. Dejar ir. Perdonar. Trascender. Dejar fluir. Bajar de la mente al corazón, de la razón a la compasión.

  Esto nos convierte en guerreros de la luz, enfrentando molinos de viento para atravesarlos y ver que eran, como los del Don Quijote, un invento de nuestra mente. Justamente estos inventos son las únicas paredes que nos han encerrado

- Practica la serenidad, la ecuanimidad. Esto te llevará a saber discernir entre lo que te lleva al triunfo y lo que te detiene. Descansa cuando lo necesites, haz períodos cortos de silencio durante el día y especialmente luego de haber estado en un lugar o con alguien con quien no te sentiste bien. Toma ese momento para respirar profundo y reenfocarte en el propósito del día.

Es simple perder el rumbo, pero también es simple retomarlo si tienes voluntad y determinación.

El éxito y el fracaso son las dos caras de una misma moneda. Ambos van tejiendo nuestro paso por el mundo. Sin uno, no existe el otro.

Así es que agradece la llegada de ambos. Cuando aceptas uno, aparece el otro, y luego el otro, sin detenerse. Si puedes darle esta mirada a tu vida, no sufrirás ante el fracaso ni te vanagloriarás por el éxito. Ambos pasan y dejan una experiencia. Pero pasan, ambos pasan.

A raíz de estos tiempos de tantos cambios y movimientos a todo nivel, muchos me comparten que se sienten perdidos, aburridos, con una sensación de estar vencidos que no los abandona fácilmente y, sobre todo que lo que parecía interesarles o motivarlos ya no les funciona. El planeta está pasando por una purificación espiritual extraordinaria y nosotros somos parte del él. ¿Cómo no sentirlo? Estamos en el umbral de un cambio tan importante –y tan anunciado– que nuestras almas ya están a cargo del proceso.

Cada día el ego va perdiendo el control –el ego controla a través de sus gustos, sus juicios y sus intereses– y nuestro Ser comienza a hacernos saber que está allí para guiarnos en este paso que no sabemos dar solos.

ᘓ

No tratemos de evadir lo que sentimos, ni de explicarlo.

ᘓ

Claves de reflexión

- Les sugiero conectarse con el propósito de lo que están haciendo. No con el propósito de su vida –la vida según el punto de vista del ego: carreras, roles, edades– sino con el propósito de lo que hacen en cada momento. ¡Entréguense al propósito!

- En este momento, por ejemplo, que tu propósito sea leer y disfrutar lo que lees. No especules en cómo usarlo, no analices lo que te sucedió, no hagas nada más que leer y poner tu atención en esto. Y más tarde el propósito será comer, o caminar, o hablar con un amigo, o ver una película, o mirar una fotografía.

- Cuando nos sintamos perdidos, aburridos, sin motivación, dediquemos toda nuestra atención a lo que estemos haciendo y entreguémosnos al propósito de ese momento. Así dejaremos paso a que el espíritu obre en nosotros.

- Y experimentaremos paz. ¿Cómo no experimentarla cuando sabemos quien está a cargo?

- Disfruten de todo lo que les pase…

Como seres humanos tenemos limitaciones ¡claro que las tenemos!

La última, más clara y que nos parece inevitable es nuestra muerte. Cuando dejamos el cuerpo humano ¿qué nos queda?

En ese momento es cuando nos damos cuenta que somos un espíritu que se manifiesta a través de nuestra alma y que elige, de vez en cuando, experimentarse en un cuerpo. ¿No seriamos injustos con nuestra propia naturaleza al considerar que los límites humanos son reales? Son reales en la medida en que solamente alimentemos la idea de ser los mejores seres humanos, alimentemos las capacidades humanas, el intelecto, nuestra historia personal. Pero cuando alimentamos nuestra conexión con quien también somos: un alma que lleva un espíritu ¡los límites se rompen!, porque estamos habilitando al espíritu a obrar, y éste puede ver que los límites de la mente humana eran una ilusión.

Por eso, cuando trates de vencer un límite que te has impuesto en esta vida física, apela a tu fuerza espiritual. Te será más fácil darte cuenta de lo que no eres, cuando te animes a buscar lo que eres de verdad.

Cuando esto ocurra, verás que incluso las capacidades humanas no tienen los límites que pensabas. Aún hay mucho como seres humanos para poder evolucionar, pero debemos hacerlo desde la fuerza de nuestro espíritu, que no ve las condiciones de nuestra mente racional.

Si nos identificamos con nuestra naturaleza espiritual y no sólo con nuestra parte humana, donde los miedos cobran vida, podemos hacer todo lo que pensamos.

A aquéllo que le ponemos atención, lo hacemos real para nuestra percepción.

Dedicamos tanto tiempo a mirar nuestras imperfecciones, a defendernos de ellas, a esconderlas, a mostrarlas o tratar de cambiarlas, que las creemos reales.

No analicemos las debilidades ¡fomentemos nuestra grandeza!

Dediquemos ese mismo tiempo y energía a observar nuestra naturaleza espiritual y podremos encender esa luz que nunca se apagó, pero la teníamos en piloto.

Pensamos que ciertas veces tenemos algún inconveniente porque estamos pagando el error de otra persona y que el universo se equivocó de destinatario.

Pero lo cierto es que todas son pruebas para ir sacando nuestros miedos de encima y abrirnos a la abundancia.

Contamos con dos herramientas precisas e infalibles para superar cualquier aparente dificultad. Una es muy humana, y es el sentido común. La otra, nos conecta con nuestro espíritu, y es la fe.

No hay nada que se resista a la combinación de sentido común y fe.

¡Dichosos aquéllos que tienen fe y sentido común para mirar las dificultades cotidianas!

Ésos pasaran la prueba y conocerán la verdad dentro de ellos.

Al hacernos conscientes de nuestro espíritu, vamos dejando atrás el karma.

¿Qué más nos hace falta aprender cuando reconocemos que somos parte de Dios?

El karma está construido en base a nuestros errores de pensamiento. Cada vez que hemos negado la divinidad en nosotros o en otras personas, hemos dejado pendiente recordarlo. Y eso ha creado karma.

No tenemos karma que pagar si reconocemos la verdad en nosotros. El desenlace a una vida plena ocurre en el mismo instante que recordamos nuestra divinidad. Y se convierte en karma cada vez que lo olvidamos.

Por ejemplo, si tu karma fuera vivir experiencias de carencia por algún olvido de esta u otra vida ¿qué importa lo que dice tu karma, si puedes conscientemente elegir ver tu verdad en este momento? Se vuelve a elegir conscientemente. En eso consiste nuestra evolución.

Cuéntale a Dios de tus necesidades y haz todo lo que esté a tu alcance. Lo demás, déjalo en sus manos.

Claves de apoyo

- Haz afirmaciones o repite un pensamiento nuevo, que apoye tu divinidad. Repítelo hasta que tu mente se canse. Descansa y vuelve a repetirlo. Se paciente y disciplinado. Cuando practiques las afirmaciones, también busca la paz. No te dejes ganar por tus emociones, trata de buscar la neutralidad, allí donde está la paz. Esta calma permitirá que resuene en tu inconsciente, allí donde has almacenado los miedos.

- Y repítela en silencio al conducir tu auto, caminando, cuando haces las tareas de la casa y en todo momento. La continuidad en afirmarlo no tardará en abrir tu mente a más ideas positivas. ¡Y serás imparable!

¿Por qué pensar en lo que ya no quieres? Sólo elige lo que quieres cambiar, pero lleva toda tu atención a lo que realmente deseas, a lo que quieres atraer, a lo nuevo.

Se te ha confiado una cantidad suficiente de energía para usar en esta dimensión,

¿Por qué malgastarla en pensamientos y emociones que no contribuyen a tu evolución?

Borra de tu vocabulario la palabra demasiado. No pides demasiado, ni tienes demasiados miedos. Piensa que algo es demasiado desde tu mente carente, pero eso no tiene lugar en la plenitud de tu abundancia.

Desea todo lo que se te ocurra, siempre y cuando estés comprometido a responder energéticamente por lo que estás atrayendo.

Si lo que atraes, te resulta demasiado, es porque tu mente sigue condicionada al recibir la grandeza.

¡Ábrete a recibir!, ¿cómo te cierras? Cada vez que te frustras por lo que no tienes, porque la situación no está cómo quisieras, cuando temes no conseguirlo, cuando te quejas, cuando te enojas o cuando quieres controlar la manera en que quieres que se den las cosas.

Cuida tus emociones. Relájate, medita, no dejes que la ansiedad te controle.

Alinearte emocionalmente es construir un puente entre aquello que deseas y tú.

Claves de reflexión

- ¡Reinvéntate!

  No dejes que tu personalidad te atrape y creas que ya eres como eres. Especialmente si hay cosas que no te agradan para ti.

- Cada cierto tiempo pregúntate ¿me gusto?, ¿estoy feliz con esto que estoy haciendo?, ¿creo que hay algo de mí que podría cambiar?

  ¡Ve por ello!

No busques pequeñeces que se puedan comprar con dinero, déjalas que solas llegarán a ti.

ᔕ

Mejor busca la grandeza de tu espíritu y todo se alineará con la misma perfección que el universo obra.

ᔕ

Dedica un tiempo de cada día a conectarte con tu espíritu.

De la manera que puedas, de la forma que quieras, pero busca la paz que sólo tu espíritu puede darte.

Y la abundancia, será un resultado inmediato.

Cuando converso con muchos de ustedes, me doy cuenta que gran parte del esfuerzo que tratan de hacer por transformar algo de sus vidas no es para atender una necesidad personal, sino para complacer la expectativa de alguien más. Y por eso es que resulta esforzado, porque es forzado, porque no es lo que realmente queremos y en eso perdemos nuestra energía, nuestro poder.

Puede que sea nuestra pareja, nuestros padres, un jefe o algún aprendizaje cultural de lo que creímos que está bien, evitando lo que está mal. Si nos resulta obligado, es porque no es nuestra energía. Es de otra persona o fue nuestra energía en otro momento de nuestra vida.

El juego de las culpas nos condena a este tipo de relaciones que terminan por encerrarnos hasta la asfixia. Y cuando nos asfixiamos ¡allí reaccionamos!

Claves de reflexión

- Si estamos haciendo algo que no se siente bien, que nos distrae de la vida que queremos, que nos angustia y nos pesa. ¿A quién estamos tratando de complacer?

  Respondamos a esta pregunta para sacar la culpa de ese lugar o esa persona y comenzar a ser responsables de nosotros mismos, sabiendo que tenemos el poder de elegir a nuestro favor, que contamos con la voluntad para encauzar la disciplina que se requiera para lograr nuestras metas, pero antes, debemos dejar de entregar nuestra energía a algún evento o alguna persona que hoy forma parte de nuestra vida.

Marianne Williamson en su libro "Volver al amor" dice: "Es nuestra luz, no nuestra oscuridad lo que nos asusta. Nos preguntamos: ¿quién soy yo para brillar, ser bello, talentoso y fabuloso?"

Pienso que el mundo sería una fiesta si todos pudiéramos darnos cuenta para qué servimos y pusiéramos nuestro empeño y entusiasmo en ir por eso.

No podemos evitar sentir este miedo, pero sí que se haga cargo de las decisiones más importantes de nuestra vida.

Cuando sintamos el miedo inevitable que aparecerá al pensar en hacer algo diferente, que nos apasione y signifique expandirnos, tomemos la decisión de respirar profundo y seguir de todas maneras.

Si el miedo ha tenido el poder, ahora descubrirás el poder superior que tiene una intención que reafirme que puedes brillar, ser bello, talentoso y fabuloso. Y que está bien que sea así.

Ningún miedo es más grande de lo que realmente somos.

Les propongo liberarse de hacer aquellas cosas que no se sienten bien, porque es ese juego ninguno gana. No significa dejar de hacer cosas por los demás.

Luego, una vez que hayamos recuperado nuestro poder –el de elegir, de hacer, de concretar– sentiremos naturalmente la necesidad de compartirlo. Ya sea tiempo, atención o dinero.

Complácete, vuelve la atención a ti, ponte en el primer lugar de tu vida porque sólo así podrás ofrecerlo todo, sabiendo que no te estás perdiendo a ti mismo.

Porque sólo cuando nos damos cuenta de lo valiosos que somos, podremos valorar lo que tenemos alrededor

Acerca del autor

Julio Bevione es comunicador y autor de libros de espiritualidad. Nació en 1972 en Córdoba (Argentina) y desde 1997 radica en Estados Unidos.

Ha trabajado desde hace más de una década en la investigación de nuevos métodos y prácticas espirituales, buscando una explicación concreta a temas que sólo habían sido tratados por la filosofía o la religión. En esta búsqueda, encuentra en la psicología espiritual las respuestas que expone en sus libros y seminarios.

Participa de programas de radio y televisión en Estados Unidos y Latinoamérica. Es autor de *Vivir en la Zona. Regresa al lugar al que perteneces*; *Abundancia. Vivir sin miedos*; *Aceptación. Vivir en paz* y *Relaciones. Vivir en armonía.*

Es editor de la revista *Ser saludable* con base en la ciudad de Nueva York y columnista de la revista *Selecciones del Reader's Digest* para sus ediciones en español (México, España, Centro y Sudamérica).

Julio Bevione realiza los seminarios de Vivir en la Zona con grupos de toda Latinoamérica.

Si desea organizar uno en su ciudad o cualquier información referente a los seminarios, escriba a:

info@vivirenlazona.com

Si desea contactar al autor, puede hacerlo a:

julio@vivirenlazona.com

Visite el sitio de Internet www.vivirenlazona.com

Esta obra se terminó de imprimir
en noviembre de 2011, en los Talleres de

IREMA, S.A. de C.V.
Oculistas No. 43, Col. Sifón
09400, Iztapalapa, D.F.